El autobús mágico en el sistema solar

por Joanna Cole   Ilustrado por Bruce Degen

Traducido por María Córdoba
con la colaboración
de José Luis Cortés

SCHOLASTIC INC.
New York   Toronto   London   Auckland   Sydney

La autora y el ilustrador desean agradecer la colaboración de la Dra. Donna L. Gresh, del *Center for Radar Astronomy* de la Universidad de Stanford, en la preparación de este libro.

La autora también desea darle las gracias al señor John Stoke, autor y coordinador de los programas del *American Museum-Hayden Planetarium*, por su valiosa ayuda.

Original title: *The Magic School Bus Lost in the Solar System*

ISBN 0-590-46429-9

12 11 10 9 8 7 6   7 8 9/9

Printed in the U.S.A.   23

First Scholastic printing, July 1994

Original edition: October 1990

Para Virginia y
Bob McBride
— J.C.

Para Chris, reina
del buque escolta
Biscadorian
— B.D.

3

¿QUÉ ES EL SISTEMA SOLAR?

El sistema solar está formado por el Sol y todos los cuerpos que giran a su alrededor, o sea, los nueve planetas, sus lunas, los asteroides (trozos de roca) y los cometas (bolas de hielo y polvo).

Juan

—Hoy vamos de excursión —nos ha dicho la señorita Carola—. Iremos a visitar el planetario, para ver el cielo y el sistema solar.

¡ATIENDAN, NIÑOS! UNA ÓRBITA ES EL CAMINO QUE SIGUE UN PLANETA, U OTRO OBJETO, EN SU VIAJE ALREDEDOR DEL SOL.

SOL

A. EINSTEIN

$E = Mc^2$

MI CIENTÍFICO PREFERIDO

ALFALFA

MI PLANTA FAVORITA

ÓRBITA

MI COLEGIO ES MÁS GRANDE QUE EL DE USTEDES.

Y NUESTROS COLUMPIOS SON MEJORES.

Y MI PROFESORA ESTÁ MUCHO MÁS LOCA QUE LA DE USTEDES.

Intentamos ser amables con Vanesa.
¡De verdad que lo intentamos!
Mientras íbamos hacia el autobús, le contamos
que la señorita Carola está un poco «loca»,
y que hace cosas muy extrañas.
Pero Vanesa no hacía ni caso.
Ella sólo quería hablarnos de sí misma.

¿Y QUIÉN QUIERE UN COLEGIO MÁS GRANDE?

La *Escarola* anunció
que la primera parada sería en la Luna.
Bajamos del autobús
y miramos a nuestro alrededor.
Allí no había aire, ni agua,
ni señales de vida.
Sólo veíamos polvo y rocas,
y muchos, muchos cráteres.
La señorita Carola nos dijo que estos cráteres
se formaron hace millones de años,
cuando la Luna fue golpeada por meteoritos,
que son trozos de roca y metal.

¡QUÉ POCO PESAMOS EN LA LUNA!

ES PORQUE LA LUNA TIENE MENOS GRAVEDAD QUE LA TIERRA.

TU PESO Y TU HORÓSCOPO EN LA LUNA

lbs. 85	lbs. 14
Peso en la Tierra	Peso en la Luna

"Viajarás a sitios muy lejanos".

EL SOL ES UNA ESTRELLA

Nuestro Sol es una estrella, como otras que vemos de noche en el cielo.

Carmen

¿CUÁL ES LA ÚNICA ESTRELLA QUE PODEMOS VER DE DÍA?

¡QUE FÁCIL! EL SOL.

¿CÓMO ES DE GRANDE EL SOL?

Nuestro Sol mide más de un millón de kilómetros. ¡Más de un millón de Tierras podrían caber dentro de él!

Pepe

Nuestra nave se dirigió hacia el cuerpo más grande y más brillante del sistema solar. Enormes lenguas de gases, procedentes de la superficie del Sol, salían disparadas hacia nosotros. ¡Menos mal que la señorita no se acercó *demasiado*!

NO MIREN NUNCA DIRECTAMENTE AL SOL, NIÑOS. PODRÍA DAÑARLES LA VISTA.

¿Y NO PODRÍAMOS ALEJARNOS UN POQUITO?

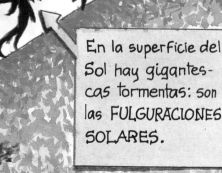

En la superficie del Sol hay gigantescas tormentas: son las FULGURACIONES SOLARES.

La maestra hizo girar la nave y nos alejamos de allí.

—Niños, iremos visitando todos los planetas por orden —dijo la *Escarola*—. Mercurio será el primero, pues es el más cercano al Sol.

¿CÓMO ES DE CALIENTE EL SOL?
En el centro del Sol la temperatura es de... ¡15 millones de grados centígrados! El Sol es tan caliente que da calor incluso a planetas que se encuentran a millones de kilómetros de distancia.

Rita

MI COLEGIO UTILIZA ENERGÍA <u>SOL</u>AR PARA LA CALEFACCIÓN.

YO TENGO UN <u>SOL</u>ARIO.

Y DIEZ PARES DE GAFAS DE <u>SOL</u>, Y...

¡UF! ¡CORTA EL ROLLO, VANESA!

Las MANCHAS SO-LARES son zonas que están más frías que el resto del Sol.

Camino recorrido

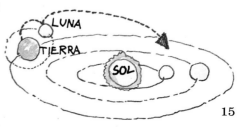

LUNA
TIERRA
SOL

15

Mercurio era un planeta muerto
y achicharrado por el Sol.
—Este planeta se parece un poco
a nuestra Luna. Aquí no hay agua,
ni casi aire —dijo la *Escarola*—.
Fíjense en los cráteres de su superficie.

EL SOL PARECE EL DOBLE DE GRANDE DESDE AQUÍ QUE DESDE LA TIERRA.

ESO ES PORQUE MERCURIO ESTÁ MÁS CERCA.

¡DEMASIADO CERCA! ¡VÁMONOS DE AQUÍ!

TU PESO Y TU HORÓSCOPO EN MERCURIO

lbs.
85

lbs.
32

Peso en la Tierra

Peso en Mercurio

"Pasarás las vacaciones en un lugar muy soleado".

Poco después sentimos cómo éramos atraídos
por la gravedad de Venus,
el segundo planeta en cercanía al Sol.
Venus estaba completamente cubierto
por una gruesa capa de nubes amarillas.
—Ahora exploraremos la superficie de Venus
—dijo la *Escarola*.

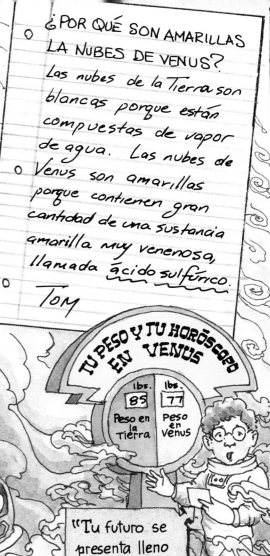

¿POR QUÉ SON AMARILLAS LA NUBES DE VENUS?

Las nubes de la Tierra son blancas porque están compuestas de vapor de agua. Las nubes de Venus son amarillas porque contienen gran cantidad de una sustancia amarilla muy venenosa, llamada ácido sulfúrico.

TOM

¡ANDA! ¡CADA VEZ PESAMOS MÁS, Y ESO QUE AÚN NO HEMOS COMIDO!

PESAREMOS MÁS AQUÍ QUE EN LA LUNA O EN MERCURIO, PORQUE VENUS TIENE MÁS GRAVEDAD.

TU PESO Y TU HORÓSCOPO EN VENUS

lbs. 85 — Peso en la Tierra

lbs. 77 — Peso en Venus

"Tu futuro se presenta lleno de nubes".

¡COMO VENUS!

17

¿POR QUÉ HACE TANTO CALOR EN VENUS?

La atmósfera de Venus contiene un gas llamado dióxido de carbono. Este gas actúa como un cristal que deja entrar el calor pero no lo deja salir.

NUBES

CALOR CALOR CALOR

Cuando la atmósfera de un planeta retiene el calor de esta manera, se produce el "efecto invernadero".

Rafa

Por debajo de sus nubes,
Venus era un planeta desértico.
El suelo estaba cubierto de rocas.
¡Y hacía un calor insoportable!
¡Unos 400 grados centígrados!
¡Mucho más calor que en un horno de pan!

¿VEN, NIÑOS? AQUÍ, EN VENUS, NO HAY VIDA.

¡ES MUY CALIENTE!

¡Y MUY SECO!

¡Y HAY DEMASIADO ÁCIDO!

¡PUES VÁMONOS!

El aire era tan pesado que nos aplastaba.
La señorita Carola dijo que a lo mejor
también había volcanes por ahí.
Y nosotros respondimos:
—¡Pues vámonos de aquí!
—Nuestra próxima parada será Marte,
el planeta rojo. Es el cuarto
en cercanía al Sol —nos anunció—.
Por el camino atravesaremos la órbita
de la Tierra, el tercer planeta.
El autobús hizo un estruendo al despegar.

EN VENUS NO LLUEVE NUNCA

Las nubes de Venus no producen lluvia porque hace demasiado calor.
Cualquier líquido en Venus se seca inmediatamente.

Ana

YO HE ESTADO MUCHAS VECES EN MARTE.

¡QUÉ PLASTA DE NIÑA!

Camino recorrido

LUNA
TIERRA
SOL
MERCURIO
VENUS
MARTE

19

¿... QUE LAS LUNAS DE MARTE NO SON REDONDAS?

Las lunas grandes son redondas debido a su gravedad. Millones de años atrás, cuando éstas se formaron, su propia gravedad atrajo toda la materia uniformemente, dándole una configuración redonda. Las lunas de Marte son

tan pequeñas que no tienen suficiente gravedad para ser redondas.

Juan

Mientras nos acercábamos a Marte, pasamos por delante de sus dos lunas, Fobos y Deimos.
Comparadas con nuestra Luna son muy pequeñas.
¡Y ni siquiera son redondas!

FOBOS
(18 millas de largo)

DEIMOS
(9 millas de largo)

VOLCÁN

HACE MUCHOS AÑOS, SEGURO QUE HABÍA AGUA EN ESOS CANALES.

SÍ, PERO HOY TODA EL AGUA DE MARTE ESTÁ CONGELADA EN SUS CASQUETES POLARES.

¿ESO SON LUNAS?

PARECEN PAPAS CON CRÁTERES.

Al mirar hacia abajo, vimos un enorme cañón. La señorita nos dijo que era tan grande como todo Estados Unidos.
Había también un volcán tres veces mayor que el volcán más grande de la Tierra.
Por todas partes había canales que parecían ríos secos.

¿HAY VIDA EN MARTE?

En Marte no existe vida. Los seres vivos necesitan agua, y en Marte no existe ningún líquido. ¡Los científicos no creen que haya existido nunca vida en Marte!

María

CASQUETE POLAR

CAÑÓN

CANALES

LA TIERRA ES EL MEJOR PLANETA PARA VIVIR. POR ESO YO VIVO AHÍ.

VANESA SIEMPRE TIENE QUE SER LA MEJOR.

Y QUE LO DIGAS.

TU PESO Y TU HORÓSCOPO EN MARTE

lbs. 85 — Peso en la Tierra

lbs. 32 — Peso en Marte

Pronto verás las cosas de "color de rosa".

¿POR QUÉ MARTE ES ROJO?

Marte parece un planeta rojo parque su suelo contiene gran cantidad de hierro.

El cielo aparece de color rosado a causa del polvo rojo que hay en Marte.

Teo

Aterrizamos en Marte y salimos a explorar los alrededores. De pronto, empezó a soplar una horrible tormenta de polvo. La señorita nos explicó que estas tormentas en Marte a veces duran meses, y que pueden cubrir todo el planeta. Decidimos volver al autobús y ponernos en camino.

¿HAY ALGÚN MARCIANO POR AQUÍ?

YO NO HE VISTO NINGUNO.

NO ESTÉS TAN SEGURO.

—Marte es el último planeta
de los que nosotros llamamos planetas «interiores»
—nos dijo la *Escarola*—.
A continuación cruzaremos el cinturón de asteroides
para dirigirnos hacia los planetas «exteriores».

EL CINTURÓN DE ASTEROIDES

La zona que hay entre los planetas interiores y los exteriores se llama cinturón de asteroides.
¡Allí hay miles de asteroides!

Clara

¿QUÉ SON LOS ASTEROIDES?

Los asteroides son trozos de rocas y metal que giran alrededor del Sol.
Los científicos creen que son trozos de un planeta que no se llegó a formar.

Rita

Miles de asteroides giraban a nuestro alrededor.
De repente, oímos un ruido de cristales rotos.
Uno de nuestros faros había sido golpeado por un asteroide.
La señorita Carola puso el piloto automático y salió a echar un vistazo.
¡Y siguió hablándonos de los asteroides a través de la radio del autobús!

EL ASTEROIDE MÁS GRANDE MIDE SÓLO LA TERCERA PARTE DE LA LUNA.
LA MAYORÍA DE LOS ASTEROIDES SON DEL TAMAÑO DE UNA CASA, O MENORES.

¡OJALÁ VUELVA PRONTO!

De repente... ¡CRAC!
¡La cuerda de la señorita Carola
se había roto!
Los cohetes se encendieron solos y...
¡el autobús se alejó!
¡El piloto automático estaba fallando!

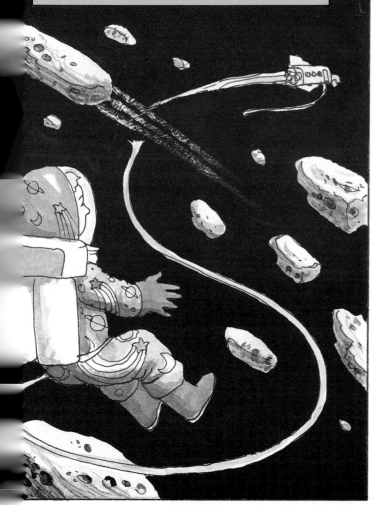

Por la radio, la voz de la señorita
nos llegaba cada vez más lejana.
Y, de pronto, se dejó de oír.
¡Estábamos solos!
¡Perdidos en el sistema solar!

Estábamos tan asustados que no sabíamos
qué hacer. Excepto Vanesa, claro.
Enseguida se puso al mando del autobús.
En la guantera encontró el cuaderno de apuntes
de la señorita Carola. Cuando empezaba a leerlo,
vimos ante nosotros un enorme planeta.
—Niños, éste es Júpiter –leyó Vanesa–.
El primero de los planetas exteriores
y el más grande del sistema solar.

"Al acercarnos a Júpiter podremos ver algunas de sus 16 lunas".

"Teo, ¿estás atendiendo?"

¡VAYA, HOMBRE! LA MAESTRA ESTÁ EN TODO.

¡NO DEBERÍA METER LAS NARICES EN EL CUADERNO DE LA ESCAROLA!

¡DÉJALA, HOMBRE! ¡ES UNA EMERGENCIA!

Lección 3
Cuando nos acercamos a Júpiter, podremos ver algunas de sus 16 lunas.
Teo, ¿estás atendiendo?

Pensamos que el autobús iba a aterrizar.
Pero no encontramos tierra firme.
Júpiter es un «gigante de gas»,
un planeta compuesto en su mayor parte por gas.
Mientras nos alejábamos de Júpiter,
todos nos preguntábamos,
preocupados,
si volveríamos algún día a casa.

¿QUÉ ES LA GRAN MANCHA ROJA DE JÚPITER?

La Gran Mancha Roja de Júpiter es, probablemente, una enorme tormenta de nubes de gas que giran velozmente desde hace millones de años.
Pepe

GRAN MANCHA ROJA

Camino recorrido

LUNA
SOL
TIERRA
MERCURIO
VENUS
MARTE
CINTURÓN DE ASTEROIDES
JÚPITER

TU PESO Y TU HORÓSCOPO EN JÚPITER

lbs. 85
lbs. 247
Peso en la Tierra
Peso en Júpiter

"Júpiter es tan grande que más de mil Tierras podrían caber en él".

SEÑORITA CAROLA, ¿DÓNDE ESTÁ?

"No te preocupes, pronto perderás esas libras de más".

27

¿QUÉ SON LOS ANILLOS DE SATURNO?

Los anillos de Saturno están compuestos de hielo, roca y polvo, y todo ello girando alrededor del planeta.

Raquel

Cuando vimos Saturno,
nos olvidamos de todos nuestros problemas.
¡Era el planeta más bonito de todo el sistema solar!
Nos acercamos a Saturno,
un planeta de gas, como Júpiter.
Estaba cubierto de nubes y tenía muchas lunas.
Pero lo más increíble de todo eran sus anillos.

"Niños, presten atención a los miles de anillos que rodean Saturno"

PARECEN LOS SURCOS DE UN DISCO.

¡SÍ, SATURNO ES EL MEJOR PLANETA DE TODOS!

TU PESO Y TU HORÓSCOPO EN SATURNO

lbs.
85
Peso en la Tierra

lbs.
90
Peso en Saturno

"Veo un anillo en tu futuro".

28

EL PLANETA FLOTANTE

Saturno está hecho de materiales que son más ligeros que el agua. ¡Si existiera una bañera lo suficientemente grande como para meter a Saturno dentro, flotaría.

Natalia.

ROCAS, HIELO Y POLVO

¿PODRÍA SATURNO DARSE UN BAÑO?

¡CLARO QUE SÍ! PERO PODRÍA DEJAR UN ARO.

EL PLANETA "ACOSTADO"

Urano gira de forma diferente a los otros planetas. Su eje está tan inclinado que, cuando gira sobre sí mismo, parece que está "acostado".

Rafa

URANO   TIERRA   SOL

TU PESO Y TU HORÓSCOPO EN URANO

lbs. 85	lbs. 73
Peso en la Tierra	Peso en Urano

A MAL TIEMPO, BUENA CARA.

El siguiente era Urano, un planeta de gas azul verdoso, con anillos y lunas. Algunos científicos creen que están compuestos de trozos de grafito (como las minas de los lápices que usamos en la Tierra).

"El gas metano que contiene su atmósfera hace que Urano parezca de color azul".

TÚ SÍ QUE ESTÁS AZUL.

¡ES QUE ESTOY CONGELADO!

ESO ES PORQUE ESTAMOS MUY LEJOS DE SOL.

El autobús iba cada vez más rápido,
y no podíamos controlar el piloto automático.
Pasamos por delante de Neptuno,
otro planeta azul verdoso,
el octavo en cercanía al Sol.
Estábamos muy preocupados.
¿Dónde estaría la señorita Carola?

"Neptuno es el último planeta del grupo de los gigantes de gas".

PUES NOSOTROS NOS ESTAMOS QUEDANDO SIN GASOLINA.

GRAN MANCHA OSCURA

Y LA GASOLINERA MÁS CERCANA ESTÁ A 4000 MILLONES DE KILÓMETROS, EN LA TIERRA.

¿... ¿CUÁNTO DURA UN AÑO?

Un año es el tiempo que tarda un planeta en dar una vuelta entera alrededor del Sol. Neptuno y Urano están tan lejos del Sol que tienen años muy largos. Un año de Urano es como 84 años terrestres. Y un año de Neptuno son... ¡165 años terrestres!
Tom

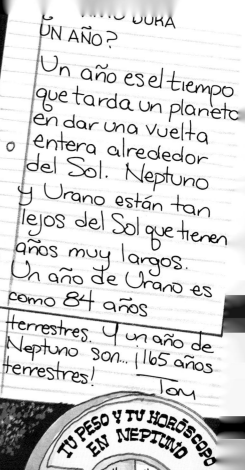

TU PESO Y TU HORÓSCOPO EN NEPTUNO

lbs. 85	lbs. 97
Peso en la Tierra	Peso en Neptuno

"Tendrás un feliz cumpleaños dentro de 165 años".

¿ES PLUTÓN UN VERDADERO PLANETA?

Algunos científicos creen que Plutón fue una luna de Neptuno que se escapó de su órbita y se convirtió en un planeta girando alrededor del Sol. Plutón fue el último planeta que se descubrió en el sistema solar. —Tina

TU PESO Y TU HORÓSCOPO EN PLUTÓN

Kilos 85	Kilos 1/2
Peso en la Tierra	Peso en Plutón

"Conocerás un pequeño y oscuro planeta."

El autobús iba tan rápido por el espacio que por poco se nos escapa el noveno planeta, el pequeño Plutón,* y su luna, Caronte. Estábamos tan lejos del Sol que casi ni lo veíamos. Parecía sólo una estrella pequeñita, aunque brillante. Estábamos alejándonos del sistema solar.

*Cada 248 años, la órbita de Neptuno se extiende más hacia el exterior que la de Plutón. Entonces, Neptuno se convierte en el noveno planeta. Pero la mayor parte del tiempo, Plutón es el noveno planeta en distancia al Sol.

YA NO HAY NADA MÁS QUE ESTRELLAS.

QUIZÁ EXISTA UN DÉCIMO PLANETA ESPERANDO A SER DESCUBIERTO.

PUES TENDRÁ QUE SEGUIR ESPERANDO.

OJALÁ LA SEÑORITA CAROLA NOS ESTÉ ESPERANDO TAMBIÉN.

CARONTE

PLUTÓN

Vanesa pasó rápidamente las hojas del cuaderno de la *Escarola*. De pronto, descubrió algo que no habíamos visto antes: las instrucciones del piloto automático. Subimos la palanca del control a la posición CINTURÓN DE ASTEROIDES, y..., muy despacio, el autobús dio la vuelta. ¡Funcionaba! ¡Estábamos regresando!

La *Escarola* se puso al volante
y el autobús se dirigió hacia la Tierra.
Atravesamos la atmósfera
y, por fin, aterrizamos.

Estábamos en el estacionamiento del colegio.
Los cohetes habían desaparecido.
Y los trajes espaciales también.
El autobús volvía a ser
una vieja cacharra.
Todo había vuelto a la normalidad.

NUESTRO MURAL DE LOS PLANETAS

PLANETA	¿CÓMO ES DE GRANDE?	¿CUÁNTO TARDA SU ROTACIÓN? (DÍA Y NOCHE)	¿CUÁNTO DURA UN AÑO?	DISTANCIA AL SOL	¿CUÁNTAS LUNAS TIENE?	¿CUÁNTOS ANILLOS TIENE?
MERCURIO	4.900 km	59 días	88 días	57'9 millones de km	ninguna	ninguno
VENUS	12.100 km	243 días	224 días	108'2 millones de km	ninguna	ninguno
TIERRA	12.756 km	24 horas	365 días	149'6 millones de km	1	ninguno
MARTE	6.800 km	24'5 horas	687 días	227'8 millones de km	2	ninguno
JÚPITER	142.800 km	9'8 horas	12 años terrestres	778 millones de km	16 por lo menos	2
SATURNO	120.660 km	10'7 horas	29'5 años terrestres	1.427 millones de km	17 por lo menos	muchos
URANO	52.400 km	17 horas	84 años terrestres	2.870 millones de km	15 por lo menos	10
NEPTUNO	49.500 km	16 horas	165 años terrestres	4.500 millones de km	8	4
PLUTÓN	unos 2.300 km	6 días	248 años terrestres	5.900 millones de km	1	ninguno

En clase, decidimos hacer
un mural sobre los planetas
y un móvil del sistema solar.

NUESTRO SISTEMA SOLAR

Neptuno · ⑥ Saturno · Cinturón de asteroides · ③ Tierra · ① Mercurio · Sol · ② Venus · ④ Marte · ⑤ Júpiter · ⑦ Urano · ⑨ Plutón

TU PESO Y TU HORÓSCOPO EN LA TIERRA

lbs.
85

YA NO ESTOY GORDO NI FLACO. ¡PESO 85 LIBRAS!

"¡Qué bien se está en casa!"

37

Y llegó la hora de irnos a casa.
Para ser una clase
de la señorita Carola,
no había ocurrido nada demasiado «anormal».
Pero... ¿nos creería alguien
cuando le contáramos nuestro viaje?

¡ATENCIÓN, LECTORES!

¡NO INTENTEN HACER ESTE VIAJE EN EL AUTOBÚS DEL COLEGIO!

Hay tres razones para no hacerlo:

1.   Ni a los profesores, ni al director del colegio, ni a tus padres, les gustaría que pusieras cohetes al autobús del colegio. Un autobús normal no puede viajar al espacio, y tú no te convertirás en astronauta si no te entrenas durante años.

2.   Aterrizar en ciertos planetas puede ser muy peligroso. Ni siquiera los astronautas pueden visitar Venus (porque es demasiado caliente), ni Mercurio (está demasiado cerca del Sol), ni Júpiter (su gravedad apiñaría a los seres humanos). Nadie puede tampoco volar al Sol, a causa de su gravedad y de su enorme calor.

3.   Además, si te vas de viaje al espacio... llegarás tarde a la cena... y al desayuno de mañana. Porque, incluso, si un autobús escolar pudiera ir al espacio, nunca podría viajar por todo el sistema solar en *un* solo día. Una nave espacial tarda *años* en hacerlo.

PERO SI UN DÍA...

Llega a tu clase una profesora nueva, pelirroja, y vestida con unos trajes extrañísimos... ¡Ajústate el cinturón, por si acaso!

BRANDING YOURSELF

Third Edition